PANÉGYRIQUE

DE

SAINT FRANÇOIS DE SALES

PROPRIÉTÉ DE L'ÉDITEUR.

Annecy. Imp. Ch. Burdet

PANÉGYRIQUE

DE

SAINT FRANÇOIS DE SALES

PAR

S. E. MGR MATHIEU

CARDINAL ARCHEVÊQUE DE BESANÇON

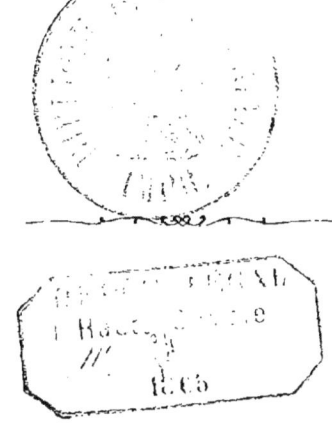

ANNECY
CHARLES BURDET, LIBRAIRE-ÉDITEUR
—
1865

Besançon, le 28 juin 1865.

A Monseigneur l'Évêque d'Annecy,

Monseigneur,

Les liens de profonde estime et de sincère attachement qui m'unissent à Votre Grandeur et au si digne clergé de son diocèse m'engagent à vous faire une offrande fort modeste, mais que semblent autoriser les dernières fêtes d'Annecy, auxquelles j'ai assisté avec tant d'édification.

Cette offrande est celle d'un *Panégyrique de saint François de Sales*, que M. le Curé de Saint-Germain-des-Prés, à Paris, m'avait demandé, il y a bien des années, lorsque j'étais chanoine et vicaire général du diocèse, sous Mgr de Quélen, de pieuse et grande mémoire.

Il me sembla que, pour traiter ce sujet, il valait mieux m'inspirer des Mémoires et des Vies du Saint, composés dans le temps par ses compatriotes et son neveu, parce que la vérité, la simplicité, et tous les détails de la vie du Saint s'y trouvaient de la manière la plus précise et la plus touchante.

Après avoir envisagé la grâce de la vocation de saint François de Sales sous le jour qui me parut le plus sensible, je rangeai les détails en conséquence de mon plan, et je ne crois pas avoir négligé rien d'essentiel. Toute la vie s'y trouve brièvement mais fidèlement rendue, et il n'y a pas un mot qui ne soit un trait de l'original, concourant à faire le tableau ressemblant.

Recevez donc, Monseigneur, cette production qui peut être dite un fruit du terroir, recevez-la, ainsi que votre digne clergé, dans l'intimité de l'esprit qui nous anime et de l'affection qui nous unit.

Veuillez agréer l'expression du respect et du dévouement avec lesquels je suis,

Monseigneur,

De Votre Grandeur,

Le très-humble et très-obéissant serviteur,

† Césaire,

Cardinal Archevêque de Besançon.

PANÉGYRIQUE

DE

SAINT FRANÇOIS DE SALES

———•o•⦂❃⦂o•———

> Spiritus Domini super me, eo quod unxerit Dominus me.
> L'Esprit du Seigneur est sur moi, parce que le Seigneur m'a donné son onction. (Isaïe, LXI, 1.)

L'onction principale a été répandue par Dieu sur Jésus-Christ, le souverain Prêtre. C'est lui qui est ce fils bien-aimé, l'unique par excellence, auquel a été accordée une bénédiction éternelle et des faveurs sans bornes. C'est ce regard d'amour qui l'a rendu le plus beau des enfants des hommes et lui a assuré un esprit immortel. Mais ses amis sont aussi associés à sa gloire et partagent sa puissance. Doux et humble de cœur, il en communique les attraits à ceux qui en subissent le travail, et comme autrefois de la tête d'Aaron le parfum coulait jusqu'au bord de ses vêtements sacrés, maintenant encore l'onction divine se répand du chef sur les membres, anime tout le corps et pénètre les moindres parties, mais embaume surtout les plus nobles, afin qu'à leur tour elles deviennent un principe de douceur et de vie (1).

Telle est cette grande harmonie établie par Jésus-Christ lui-même dans son Eglise, telle est une des marques auxquelles il nous invite à la reconnaître et dont il enlève avec soin l'honneur aux sectes ennemies, l'onction de Dieu qui vient de son Esprit et se produit au dehors par la douceur : *Spiritus Domini super me, eo quod unxerit Dominus me ad annuntiandum mansuetis corde.*

Aussi lorsque l'hérésie en fureur démentait par ses blasphèmes et ses excès la réforme qu'elle prêchait au siècle, l'Eglise, toujours féconde, produisait une de ces fleurs qu'elle seule peut recueillir dans le jardin de son Epoux, et elle opposait, aussi victorieusement que ses promesses et ses docteurs,

---

(1) Ps. CXXXII, 2.

à la sombre agitation de Luther et de Calvin, la paix inaltérable et la céleste onction de François de Sales.

Honneur à cet élu de Dieu, choisi entre mille pour assurer à l'Eglise cette victoire pacifique qui met en ses mains les clefs du ciel et lui donne le droit d'y introduire ses enfants! Honneur à ce parfait imitateur du Cœur de Jésus-Christ dont il a si bien pris les leçons d'humilité et de douceur! Honneur à la plénitude de l'onction qui s'est débordée sur lui avec la violence d'un torrent dont la main de Dieu a brisé les digues!

O céleste effusion, c'est votre louange que je célèbre dans l'éloge de François : ce sont vos prodiges dans son âme dont je voudrais pénétrer la mienne : c'est à la fontaine de vos eaux jaillissantes que je voudrais approcher mes lèvres! Coulez, eaux du Seigneur, et rafraîchissez une terre desséchée par l'ingratitude et épuisée par l'indifférence.

Suivons-en, Mes Frères, les merveilleux détours et voyons comment l'onction du Seigneur s'est répandue sur François de Sales dans sa vocation, dans son ministère, dans ses institutions et ses écrits. C'est là tout le but et le partage de ce discours.

Mère de Dieu, notre vie et notre douceur, par

vous nous avons accès au Roi votre Fils qui vient à nous plein de bonté; mais François de Sales, votre enfant adoptif, nous conduira jusqu'à vous; nous emprunterons son langage, nous brûlerons du feu de sa tendre dévotion pour vous dire comme lui que vous êtes notre mère et toute notre espérance. *Ave, Maria.*

PREMIÈRE PARTIE.

L'onction de Dieu sur François en sa vocation.

La sagesse du Tout-Puissant atteint son terme avec force, mais elle dispose les voies pour y parvenir avec suavité, et pour produire ces grands hommes qui étonnent ou qui charment la terre, elle prépare à l'avance tous les ressorts qui doivent aider au développement de leur mérite : parents sages, éducation forte et soignée, maîtres habiles. Il s'agit de faire en François un chef-d'œuvre de la grâce, et de le disposer comme un vase d'honneur pour la maison de Dieu : l'ordre en est parti des décrets éternels, et tout secondera la volonté du Seigneur.

Il naît dans les domaines de sa famille, celui qui ne devait pas avoir d'autre partage que le sanctuaire, et les fonts sacrés du baptême régénèrent dans leurs eaux celui qui devait purifier dans celles de la Pénitence tant de pécheurs endurcis, tant d'hérétiques obstinés. Non loin des mêmes lieux où la miséricorde ouvrit par ses mains les trésors du ciel, il en reçut les premiers dons, et aux grâces communes accordées à tous les enfants de Dieu, s'en joignirent sans doute de spéciales réservées à cet enfant de bénédiction. Il était déjà comme ce Joseph, cher à Jacob, sur la tête duquel la voix du saint Patriarche invoquait la rosée du ciel et la fertilité de la terre, et ne devait-il pas y posséder un double héritage, en faisant une seconde fois la conquête de son troupeau? Plus tard il deviendra terrible contre les ennemis du Seigneur, maintenant il n'est que charmes et que douceur : la grâce est répandue sur ses traits; un aimable sourire orne ses lèvres ; la candeur est peinte sur son front ; tout présage qu'il sera aimé de Dieu et des hommes, et que ses armes les plus invincibles seront les chaînes qu'il jettera sur les cœurs.

La vertu le prévient dès ses plus tendres années et la miséricorde croît en lui par les soins de sa mère : il l'accompagne dans la maison du pauvre et apprend de bonne heure à en avoir pitié : ses faibles mains distribuent les fruits de la justice; ses yeux se mouillent de pleurs, son âme s'ouvre à la compassion. La charité lui parle au cœur et lui enseigne sa première comme sa plus belle leçon. Jésus-Christ, soulagé dans ses membres souffrants, lui rend au centuple en amour ce que l'amour lui fait donner, et montre aux anges surpris les vêtements dont l'a couvert un jeune enfant.

Il partage le bonheur de ces nobles esprits en s'approchant comme eux du trône de l'Agneau : il y dépose avec fidélité le tribut journalier de ses prières. Il y monte avec confiance les degrés de cette échelle mystérieuse qui conduit l'homme jusque dans le secret de Dieu ; il y pénètre avec l'ingénuité de l'innocence et en revient avec le feu de la charité ; ces divines ardeurs l'y attirent de nouveau, il y rentre et s'y perd : son cœur s'y fond et s'y reforme sur le modèle de Jésus-Christ. Il devient savant sans s'en apercevoir dans la science des saints, et sort toujours rayonnant de ses entretiens avec Dieu. Oh ! si nous savions, Mes Frères, la douceur que l'on goûte dans ces communications, la facilité d'un maître qui nous offre toujours un libre accès et nous provoque même à ces familières audiences, quel serait notre empressement pour en profiter, et notre douleur d'en avoir trop longtemps négligé l'occasion salutaire ! Que l'exemple de François de Sales nous confonde et nous ranime. Dieu, qui est grand avec les superbes, sait se faire humble avec les petits, et quelque extrême que soit notre misère, il ne dédaignera pas d'y descendre pour nous élever jusqu'à lui.

François lui a donné les prémices, il va le cultiver avec un soin plus tendre encore, et montrer que la piété n'est pas l'ennemie des études, mais qu'elle en est la base et l'ornement. A un âge où les enfants connaissent à peine les premiers linéaments des lettres, François commence à se livrer à l'étude : ses succès sont rapides ; il se trace à lui-même un travail de surcroît qui ouvre son esprit en remplissant le vide des journées : il n'en laisse rien à des récréations excessives, comme il ne se montre point l'ennemi des jeux innocents. Bon et aimable à tous, il les réjouit par ses saillies, les contient par sa retenue, les porte à Dieu par sa piété. Déjà souverainement habile à mêler à l'accomplissement du devoir la condescendance de la charité, il accorde leurs différends, il excuse leurs fautes et s'estime heureux d'en souffrir la punition. Estimé de ses maîtres, respecté de ses condisciples, admiré de ses supérieurs, chacun s'écrie en se le montrant : Quel pensez-vous que sera cet enfant ? car la main du Seigneur est avec lui.

Elle le conduit, après ses premières études, dans

cette ville centre du bien et source du mal : mais
elle le préserve contre la contagion en le plaçant
sous la direction de ces maîtres habiles auxquels
la préférence de François vaut seule une apologie ;
il ne déposa jamais les sentiments de respect et
d'affection que lui avait inspirés pour leur saint
ordre et pour ses dignes enfants son séjour dans
leurs maisons : toujours ils furent les dépositaires
ou les guides de sa conscience, et un François de
Sales sorti de leurs mains montra au monde combien la haine que l'hérésie leur porte est bien
fondée.

Ils ne négligèrent rien pour augmenter le prix
du trésor qui leur avait été confié, comme aussi
François trouva en eux tout ce qu'il pouvait désirer : directeurs expérimentés dans les voies du
salut, maîtres instruits et versés dans toutes les
sciences ; il s'enflammait par leurs pieux discours,
il s'éclairait par leurs doctes leçons et se façonnait
à devenir un flambeau ardent et luisant, semblable
au précurseur de Jésus-Christ dont il devait être
aussi un jour le héraut auprès des peuples assis
dans les ténèbres de l'erreur.

Celles de la mort ont saisi son âme, les frayeurs
de l'enfer l'ont environné : il y voit sa place, le

ciel lui paraît fermé. Ce Dieu qui le comblait de caresses est devenu tout à coup cruel et sans entrailles. Son cœur s'élance sans cesse vers lui et il en est repoussé. Empressé de le posséder, un sourd murmure lui dit qu'il faut renoncer à cette belle espérance. Le mal descend plus avant et s'envenime encore : le feu qui le dévore ne trouve plus d'issue et consume sa victime : la pâleur du front annonce les combats de l'âme ; une angoisse mortelle épuise en lui les sources de la vie, et, comme autrefois le prophète, il va succomber sous le poids qui l'écrase : *Et defeci, ferre non sustinens* (1). Un regard vers vous, ô tendre Mère! et il sera sauvé : Prenez cet enfant, il est le vôtre, et ne voyez-vous pas qu'il est toujours celui de votre Fils? N'entendez-vous pas l'accent de l'amour le plus pur qui s'échappe de ses lèvres tremblantes? Puisqu'il ne peut aimer Dieu avec vous, il veut l'aimer comme vous et lui dévouer, de toute l'étendue de ses forces, les jours passagers d'une vie que doit suivre une éternelle séparation! Cohortes infernales, rentrez dans vos abîmes ; anges saints, entonnez un nouveau cantique, et dites au plus

---

(1) Jerem., xx, 9.

haut des cieux : Qui est semblable à Dieu ? Il a donné à l'enfance la force et la sagesse, il a tiré de sa bouche une louange parfaite. Merveilleuse invention de son amour ! il l'a affermi par les orages qui semblaient devoir l'ébranler, il a dilaté le cœur par cette blessure et il va combler par l'intimité de sa présence le vide qu'il y avait fait pour y régner plus en roi.

Et que pourrait lui refuser son serviteur ? Le voilà captivé plus que jamais par les liens de cette charité qui le prévient, qui l'accompagne et qui le suit : il lui a consacré son innocence, il va en faire la règle de sa vie. Qu'elle parle : elle le trouvera détaché des hommes, indifférent pour les lieux, ne cherchant partout que Dieu seul. Les voyages, qui appauvrissent l'âme en enrichissant l'esprit, lui rappelleront ce long pèlerinage auquel l'homme est condamné : il portera dans le tumulte du monde un cœur recueilli, et les écoles de Padoue admireront en lui, comme celles de la France, l'étendue des connaissances, la solidité du jugement, la facilité du talent et l'éclat de toutes les vertus. Perfides amis, qui n'en pouvez souffrir l'austérité, en vain lui tendez-vous des piéges pour le trouver en défaut : ses fondements sont inébranlables comme Dieu lui-même : défiance de soi, confiance en lui, voilà toutes les armes des saints et leur rempart invincible. La crainte de Dieu les retient, mais son amour les transporte, et, enhardis par le danger, ils savent mépriser un plaisir qui fait acheter le repentir si cher.

Quoique vainqueur il se punit, et craignant toujours l'aiguillon de la chair il l'émousse par de sanglantes mortifications. Prenant modèle de l'apôtre humilié par les suggestions de Satan, il réduit son corps en servitude et croirait hasarder l'âme en le ménageant. Saint jeune homme, épargnez cette chair virginale, ne hâtez pas le terme d'une vie si précieuse, ne plongez pas dans la douleur des parents dont vous faites toute l'espérance. Mais le coup est frappé, François languit et meurt : d'une vie de combats il va passer à la couronne de la victoire. Pauvres peuples des montagnes abandonnés dans vos humbles réduits, âmes simples et droites engagées dans l'erreur par le malheur de la naissance, vous poussiez alors des cris de détresse qui furent entendus au trône de Dieu : saints évêques de ces lieux désolés, vous parûtes alors devant le Prince des pasteurs pour en obtenir la vie à ce successeur de votre zèle et de vos efforts. Il vous est rendu, et en même temps une voix lui dit au cœur d'oublier la maison de son père, et de ratifier les engagements qui l'attachaient au sanctuaire dès sa jeunesse.

Monde, tu es trompé, ces grâces ne seront pas pour toi; cette délicatesse d'esprit, cette exquise sensibilité de cœur, cette beauté de génie, ne feront pas l'ornement de tes cercles et l'assaisonnement de tes plaisirs. Dieu est jaloux d'une si belle âme : c'est pour lui qu'il l'a faite et il ne donnera pas sa gloire à d'autres. Parents qui avez élevé ce cher fils avec tant de sollicitude, je vous plains; mais ne le refusez pas à Dieu qui l'a rappelé à la vie : s'il vous en demande le sacrifice, il vous le rendra avec usure; il vous prépare un conseil dans vos doutes, un appui dans vos peines, un consolateur à la mort, un médiateur après la vie : les espérances auxquelles vous renoncez pour lui vont se changer en bénédictions fécondes; elles élèveront votre nom plus haut que les prétentions du siècle ne l'auraient jamais porté, et, associés à votre fils, Dieu vous devra en quelque sorte l'honneur qu'il en aura tiré.

Mais les hommes n'entrent pas de suite dans les desseins de Dieu. Rappelé dans sa terre natale,

François y trouve de nouveaux obstacles à son généreux projet : une avantageuse alliance ménagée de longue main, le Sénat de Chambéry qui s'ouvre pour le recevoir et qui s'estime heureux de le compter au nombre de ses membres, un père blanchi par les années qui veut partager avec lui le soin de sa famille. Une crainte respectueuse retient François et ne lui permet pas de choquer ouvertement tant de résistances. En vain le pieux évêque de Genève l'aime comme son enfant, le vénère comme un saint, et l'indique même comme son futur successeur ; la voix du monde parle encore plus haut que celle de l'Eglise, et l'opposition du père n'est pas vaincue.

Louis de Sales, tendre ami, parent désintéressé, venez au secours de François qu'une funeste obstination va ravir au troupeau. Faites parler le chef de tous les fidèles, obtenez de lui un titre qui mette à l'abri la vocation de François, attachez-le à cette Eglise qu'il doit étendre par ses travaux et édifier par ses vertus. Vous l'avez précédé dans la sainte carrière, bientôt vous vous honorerez de marcher sur ses traces, et de respecter comme votre Père celui que vous chérissiez comme votre ami.

A ce coup, la fermeté du comte de Sales s'évanouit, d'abondantes larmes mouillent ses paupières; tant de traits réitérés de la volonté de Dieu le forcent de renoncer à la sienne ; il abandonne son fils aux desseins du ciel et l'accompagne de ses bénédictions.

Libre désormais, François se livre à l'amour qui le détache et qui l'immole : dégagé de ces derniers liens, il présente à Dieu un sacrifice de louange, et prosterné au pied des autels il en fait à jamais son partage et sa demeure.

Reposez-vous, Seigneur, et contemplez votre ouvrage : tout ici est bon et parfait, puisque tout est venu de vous et s'est rangé en cette âme dans l'ordre que la charité lui assignait ; vous l'avez répandue dans son cœur en lui donnant votre esprit : vous l'avez fortifiée dans les jours de sa jeunesse par vos secrets entretiens ; vous lui avez communiqué avec elle tous les biens ; il vous l'avait demandée comme son seul trésor, et vous y avez ajouté de plus la science et la sagesse. Vous l'avez marqué comme d'un sceau pour attester qu'il était à vous : votre âme a pris ses complaisances dans la sienne et lui a apporté son onction. Tout est de vous dans la vocation de François, tout sera de vous dans son ministère : sujet de la seconde partie.

DEUXIÈME PARTIE.

L'onction de Dieu sur François dans son ministère.

Le ministère sacré est un ministère d'onction parce que c'est un ministère d'amour : Dieu est charité : il a des entrailles de Père pour les hommes, et il veut qu'on les traite avec le respect dont il use lui-même à leur égard. Tout ce qui approche de lui doit participer à ces sentiments, et Jésus-Christ en a eu la plénitude, parce que la plénitude de la Divinité résidait corporellement en lui. Voilà pourquoi l'Eglise, infaillible interprète de son Époux, donne partout à ses enfants des avertissements de douceur. Elle accorde au nouveau baptisé une onction qui lui indique la suavité du joug qu'il s'engage à porter : elle présente le front de ses soldats au chrême de la confirmation : mais, quand il s'agit de ses ministres, elle répand à flots l'huile sur leurs mains, elle la fait couler sur la tête de ses Pontifes ; tant il est convenable, suivant la remarque du pieux saint Bernard, que ceux qui s'occupent du salut des hommes y viennent comme Jésus avec l'onction de la douceur !

C'est l'âme toute parfumée de ce baume céleste que François entre dans l'exercice de son saint ministère. Tous les jours il va la retremper dans le sang de l'Agneau, où il puise avec des forces nouvelles cette suavité qu'il porte au service du prochain. Il avait compris que l'autel est pour le prêtre la source des biens, le principe de la science, la porte du ciel et le trésor des cœurs. Tant que nous frapperons au tabernacle, nous en obtiendrons toujours des réponses de vie, et personne ne périra que l'enfant de malédiction qui s'obstine à repousser les miséricordes du Seigneur.

François veut les répandre : il ne peut contenir les mouvements de son zèle : il l'entraîne vers les brebis égarées de la maison de Dieu, et si le devoir ne le contenait dans les bornes de la prudence, déjà il affronterait les dangers et exposerait sa vie pour la leur. Ses vœux seront bientôt remplis : une occasion périlleuse va servir d'épreuve à son courage et d'aliment à son ardeur.

Séparés de leur prince pour la cause d'une fausse religion, les trois bailliages venaient de rentrer par la force des armes sous l'autorité du duc de Savoie. Il fallait y affermir ses droits et y rétablir ceux de la religion : ses généraux pouvaient maintenir sa conquête, mais leur épée était impuissante pour entamer l'œuvre de Dieu. Les cœurs se prennent autrement que les villes : s'il ne garde celles-ci, on ne saurait les conserver ; s'il n'ouvre ceux-là, on ne saurait s'y introduire. Ce glorieux triomphe est réservé à François.

Il le commence par l'obéissance et le continue par l'humilité. Plein de confiance en la mission de son Evêque, il s'avance vers ces terres inhospitalières malgré les observations de ses amis et les oppositions de ses proches. Dès que Dieu a parlé, il méprise la chair et le sang, et espérant contre l'espérance, il s'avance seul à la défaite de l'hérésie. Suivant les traces de son divin Maître, résigné à tout pour le salut des hommes, il ne fait pas son âme plus précieuse que la sienne ; il s'agenouille comme lui près des eaux du torrent et s'offre à Dieu en sacrifice. Maintenant, il va lever la tête et marcher comme un généreux guerrier aux combats du Seigneur.

C'est Thonon qu'il veut attaquer d'abord. Mais comme son zèle fut toujours réglé par la discrétion et conduit par la prudence, il sonde le terrain avant de braver des adversaires encore trop peu disposés en sa faveur.

De l'avis du baron d'Hermance, il s'établit dans la forteresse des Allinges; mais, refusant les escortes que lui offrait ce gouverneur, il va comme un apôtre présenter jour et nuit la paix aux enfants de son peuple. Malgré la distance, la rigueur de la saison, la difficulté des chemins, il court à la recherche des âmes. Quelquefois, fatigué comme le bon Pasteur, il s'assied en méditant sur l'aveuglement des hommes. Plus souvent il n'a pas où reposer sa tête ; il erre dans les montagnes, il se cache dans les masures, il échappe dans des ruines à la fureur de ceux qui le poursuivent. Des nuits entières se passent sans abri : ses pieds meurtris ne peuvent plus soutenir le poids du corps ni l'âpreté du froid : il ensanglante une poutre glacée sur laquelle il se traîne pour traverser un torrent et célébrer chaque jour la messe. Tout est douleur en lui, difficulté dans sa mission, haine dans ses ennemis. Mais d'abord l'entrée des âmes lui est ouverte au fort des Allinges : il bannit de cette garnison les vices qui déshonorent le soldat chrétien : il y fait cesser les blasphèmes, il y arrête les duels, il y dissipe l'ignorance; d'un lieu tumultueux et d'un asile de guerre il sait tirer la louange du Seigneur, la conversion du cœur et le retour à la vertu. Il en montre l'héroïsme à

Thonon, et frappe par son éclat ceux qu'il n'a pas encore convaincus par ses raisons : il porte la nouvelle du salut au pauvre comme au riche : il s'épuise pour une seule âme comme pour tout un peuple : il méprise la vie, il affronte les opprobres, il ne répond aux invectives que par le calme, il grandit avec les obstacles, et, se développant tel qu'il est, montre en lui un défenseur incorruptible de la vérité et un ouvrier évangélique digne de ce beau ministère. D'Avuly s'ébranle, les ministres sont consternés ; leurs provocations, leurs discussions, leurs injures, dévoilent leur faiblesse et deviennent leur honte, tandis que le plus enflammé d'entre eux est désarmé par la douceur de François qui en fait sa conquête.

Dieu récompense alors son serviteur de ses travaux : il verse en lui des torrents de lumière, des effusions de grâces qui le pénètrent et le consument. Le saint sacrement de l'autel lui apparaît avec ses preuves divines et ses inexplicables ardeurs : prosterné la face contre terre, il est obligé de conjurer Dieu de se voiler pour quelques instants ; mais il descend de ces élévations comme un autre Moïse, étincelant d'une sagesse céleste ; comme un autre Paul, brûlant d'un feu sublime.

La force de ses preuves étourdit et confond l'hérésie ; l'onction de ses paroles touche et gagne les hérétiques. Il se fait dans cette province désolée des cieux nouveaux et une terre nouvelle, et celui qui y était entré comme Jacob, seul et sans appui, voit ses richesses s'y accroître et son troupeau s'y multiplier.

Il le quitte pour quelques instants, et se rend à Turin près de son Prince pour lui raconter les merveilles du Seigneur et en obtenir des ordres favorables à la cause de la foi : plusieurs cures seront rétablies dans le Chablais, le culte du Très-Haut reprendra ses solennités, les mécontents seront contenus dans le devoir et les faibles affranchis de la crainte. Porteur de ces heureuses nouvelles, François revient à Thonon : elles sèment l'alarme dans le camp de l'erreur : ce n'est plus la soumission qu'on prêche avec appareil, c'est la sédition qu'on souffle avec violence. Des furieux s'arment contre François : on le menace d'une pluie de pierres, on veut décharger sur lui une grêle de coups, les magistrats lui signifient une protestation en forme ; mais, ferme comme ces rocs sur lesquels monte la tempête, le courageux Pasteur repousse comme un acte de révolte l'opposition du corps de ville, et, marchant aux mutins, les déconcerte par sa constance, tandis qu'il contient par sa fermeté les transports de ceux qui veulent le défendre. La force de son ministère est toute dans sa douceur : elle renversera à ses pieds ses plus fiers ennemis, et elle lui fera annoncer avec assurance que sous peu la religion catholique sera rétablie dans le Chablais. Comme le sacrificateur de l'ancienne loi, il monte sans délai à l'autel pour expier les fautes du peuple rebelle, et portant en ses mains le sang de la Victime, il l'élève au ciel dans la même nuit où le Sauveur venant au monde ouvrit sur nous les trésors de sa grâce. La pompe de ces cérémonies inusitées touche la foule des assistants, l'instruction dont François les accompagne dissipe les préjugés ; les habitants de trois villages viennent avec les pasteurs se ranger autour de la crèche qu'ils avaient désertée, et huit mille convertis seront bientôt les prémices de cette nation qui s'ébranle pour rentrer dans les sentiers de la foi.

Le guide saint que Dieu lui a donné marche devant elle et l'appelle par ses cris : comme ces chefs généreux que l'on voit se multiplier dans le danger et se produire à tous les postes, François admet les enfants à la vie et console les vieillards sur le bord de leur éternité ; il bénit les alliances, il en retranche les désordres, il y fait régner la piété, il instruit les humbles, il prêche les superbes d'esprit ; il réconcilie les pécheurs, il confie les défunts à la terre et offre pour eux le sacrifice du salut. Epuisé, jamais fatigué, il trouve sa nourriture à faire la volonté du Père de famille qui lui a confié le soin de son héritage, et déjà dans le ciel il se désaltère avec les élus à la coupe de ses délices. Il y boit à longs traits cette douceur enivrante qui le laisse calme dans le trouble des affaires et patient dans l'extrémité de la détresse. Toujours égal à lui-même, il s'efforce de plaire à tous, pour les gagner tous à Jésus-Christ. S'il traite avec les hérétiques, c'est en patience et en doctrine comme veut l'Apôtre : jamais de fiel dans son cœur ni d'invectives sur les lèvres, jamais non plus de lâches dissimulations de la vérité ni de ces concessions imprudentes qui en hasardent les avantages. S'il confère avec Théodore de Bèze, le plus accrédité de tous les ministres pour sa politesse, son éloquence et son savoir, il l'embarrasse par ses questions, il le force dans ses retranchements, il lui arrache cet important aveu qu'on peut se sauver dans l'Eglise Romaine ; il le presse d'y rentrer, il le somme de la part de Dieu de ne pas fermer les yeux à la lumière, mais il respecte sa personne, il honore sa vieillesse, et il pleure son endurcissement.

Merveilleux en courage, comme inimitable en douceur, il porte la croix et la relève jusqu'aux portes de Genève : la menace d'une sortie ne l'effraye pas. Il voit les soldats en campagne et continue son pieux pèlerinage, sans que cet appareil d'une guerre qu'on fait à Dieu plus qu'à lui-même l'empêche de chanter sous les étendards du Seigneur et d'en annoncer les louanges au peuple assemblé.

A peine relevé d'une dangereuse maladie, il veut voler au secours de ses enfants menacés de la peste. La conservation d'une vie si précieuse oblige son Evêque à user de rigueur pour arrêter son zèle ; d'autres victimes de la charité iront le remplacer dans cette terre qu'il a défrichée seul, mais défense lui est faite d'y retourner autrement que par ses vœux. Il soupire en attendant le jour où la liberté lui sera rendue de mourir pour son troupeau, mais la soif du salut des âmes ne lui permet pas de rester dans l'oisiveté : il gagne celle d'une mère en rendant son enfant à la vie, il lève de vive force les résistances d'un vieux capitaine et prodigue ses veilles à un régiment tout entier.

L'heure est venue de rentrer à Thonon : il y paraît avec le légat du Saint-Siége et le duc de Savoie, qui viennent se convaincre par leurs propres yeux de tous les prodiges dont la renommée a frappé leurs oreilles. En vain François veut se dérober aux éloges : il lui faut les subir malgré lui ; convaincu de son néant, il les renvoie à Celui qui a daigné faire en lui de grandes choses, et glorifier son nom par le plus humble de ses serviteurs. La foule assiége les églises ; Jésus-Christ y paraît sur son trône de gloire ; la réconciliation des enfants égarés à leur Mère y est annoncée de la part de son Vicaire, et le prince, fléchissant le genou devant la croix, aide la main des évêques à l'affermir sur cette terre conquise.

Trente mille hérétiques convertis : voilà le fruit des travaux de François. Il avait semé dans les larmes, maintenant il moissonnait dans la joie : la parole de l'Evangile n'avait pas été liée sur ses lèvres, mais, se répandant comme le bon grain, elle avait fructifié au centuple. Toute son ambition était de conserver cette partie du champ du Père de famille comme son modeste héritage, de la cultiver de ses mains, de la féconder de ses sueurs. Ses entrailles s'étaient dilatées sur ce cher troupeau et toutes les brebis lui tenaient au cœur. Accomplissez, Seigneur, les désirs de votre serviteur, et réalisez son dessein.

Mais voici que le Prince immortel des pasteurs l'appelle à d'autres destinées : c'est la plénitude de son onction qu'il veut répandre en lui en l'élevant au souverain sacerdoce. Le pieux évêque de Genève songe à lui faire partager le poids de sa sollicitude et à le demander pour son coadjuteur : le duc de Savoie, prévenant ses souhaits, en avait manifesté le désir. Comment le faire partager à François de Sales? Comment lui donner, sur cette éminente fonction, d'autres sentiments que ceux de la frayeur, et comment éviter un refus absolu? Il savait que les postes les plus élevés ne sont pas les plus sûrs, qu'il est facile à la condescendance de se transformer en mollesse, à l'âme de s'aveugler, au cœur de s'endurcir, et qu'une ignorance volontaire n'excusera point devant le Souverain juge celui qui aura pu faire le bien et l'aura négligé. Il se regarde comme incapable de l'attention qu'il faut porter sur tout le troupeau, du courage qu'exige le péril des âmes, de la science indispensable pour les conduire. Il n'envie pas l'éclat du rang épiscopal, mais il craint d'y monter, parce qu'il sait que la chute en est terrible. Renfermé en lui-même, il conjure Dieu de détourner l'orage : il fait tête à la tempête et ne veut pas céder, jusqu'à ce qu'un mouvement intérieur parti du saint autel l'oblige, dans une fervente célébration, à prendre conseil de l'obéissance. Il se rend comme une victime enchaînée sur laquelle on va frapper le coup du sacrifice, et la violence qu'il se fait met encore ses jours en danger. Alors, on vit combien il était détaché de la terre, mort à ses espérances, indifférent à ses honneurs : il va jusqu'aux portes de la mort sans jeter un coup d'œil sur l'avenir, et il en revient reposé et tranquille comme ces heureux mortels qui ont oublié leurs peines dans un doux sommeil. Qu'il voudrait être arrêté sur le dernier degré du sanctuaire par l'ignominie d'un affront ! Qu'il consentirait volontiers à voir la source de la science se tarir pour lui sous les yeux du Pontife et du Sacré Collège qui doit l'interroger ! Novice suivant lui, consommé au jugement de tous, il fait admirer sa modestie non moins que sa capacité. Transporté de ce prodige, le Saint-Père se lève et lui donnant un affectueux baiser : « Allez, mon fils, lui dit-il avec le sage, ne cherchez pas des eaux étrangères, buvez de celles que le ciel a distillées dans votre âme, car il y a mis une source de vie; donnez-lui un cours public et divisez ses ruisseaux (1). »

Ils se répandront sur cette heureuse terre comme les torrents impétueux de Salomon qui se précipitent du haut du Liban, et ils réjouiront tous les pays d'alentour. Infortunée Genève, pourquoi ne couleraient-ils pas dans tes murs? Faut-il que tu préfères les flots bourbeux de l'erreur aux eaux limpides de la vérité?

Déjà embrasé d'un feu céleste, François ne respire, ne vit que pour elle. Les événements politiques ne sauraient le faire changer ni ralentir en rien son ardeur. Une guerre éclate entre la France et la Savoie : profitant de la mésintelligence, Genève offre ses services à la France pour en trouver le prix dans une seconde réforme des bailliages. Mais elle avait affaire au grand Henri qui, depuis son sincère retour, ne trahit jamais les intérêts de la religion. François se jette au travers des négo-

(1) Prov., v, 15.

ciations : animé d'une intrépidité pastorale, il déconcerte les intrigues de l'hérésie, obtient des lieutenants du roi la liberté de son ministère, et le règle au fort de la tempête comme il aurait pu le faire au sein du plus grand calme.

Ame vraiment généreuse, qui n'envisage partout que la gloire de Dieu et ne prise que les moyens d'étendre son empire dans le pauvre domaine qu'il lui a confié! Les applaudissements d'une des premières capitales du monde, la bienveillance du roi très-chrétien, ses offres éblouissantes ne peuvent lui faire oublier sa chère Genève : il ne lui est pas encore uni, mais elle a gagné son cœur, et il aime mieux pleurer sur elle que lui substituer une épouse plus riche et plus fidèle.

Ces noces sacrées par lesquelles l'Eglise unit à ses membres le chef qui doit entretenir en eux la vie, comme Jésus-Christ a donné la sienne en épousant notre chair, ces noces sacrées vont recevoir leur accomplissement. Annecy a perdu son évêque et François son second père ; les besoins du troupeau demandent qu'il se revête promptement du pouvoir des apôtres : il en a les entrailles, mais il lui en faut le caractère, et il se dispose dans une longue retraite à le recevoir avec l'abondance des grâces qui en accompagne l'impression dans les âmes saintement préparées. Il repasse dans l'amertume de son cœur les fautes passées que son innocence lui grossit encore, il perd le souvenir de la terre et ne converse plus qu'avec le ciel. La Trinité sainte s'ouvre sur sa tête au jour de son sacre : le Père le couvre de sa parole et l'envoie pour prêcher, le Fils verse sur son front l'huile de son amour, l'Esprit descend en lui avec l'imposition des mains et l'inonde de sa présence. Il ne voit plus qu'avec un saint respect les vêtements de sa dignité : il en pénètre les sens cachés, et, tremblant dans son extase, peu s'en faut qu'il ne tombe devant l'arche du Seigneur. Il se soutient sur sa houlette : elle sera entre ses mains celle du bon Pasteur et le sceptre d'équité qui n'abandonnera jamais son trône. Bon à tous, il ne sera sévère que pour lui-même ; la pauvreté ornera sa personne, la modestie réglera sa table, la décence son train, le besoin des âmes tout l'ordre de sa vie. L'oraison sera sa première occupation, la mortification ses délices, le travail son repos : débiteur pour tous, il se fera le serviteur de tous, et portant lui seul le joug il s'efforcera de l'adoucir aux autres. A son école le fardeau du Seigneur deviendra doux et léger, et l'onction qui l'accompagne coulera dans les cœurs. C'est là le plus beau triomphe de la force et de la douceur de Dieu. Il en a honoré le ministère de François, maintenant il veut le perpétuer par ses institutions et ses écrits, sujet de la troisième partie.

TROISIÈME PARTIE.

L'onction de Dieu sur François en ses institutions et ses écrits.

La charité vient de l'ordre, et elle le met partout où elle domine : c'est elle qui fonde les institutions durables et donne naissance aux grands desseins. L'homme ne doit ici qu'obéir à la Providence et se rendre son docile instrument ; mais aussi, à mesure qu'il se vide de lui-même, il se remplit de Dieu et son action participe à la force et à la douceur qui le met en œuvre.

Ce sont les deux principes dont François ne se départira jamais. S'il trace à son clergé les règles d'une vie sainte, s'il leur donne une sanction rigoureuse, il les fait précéder de pieuses exhortations où on en puise l'amour avant d'en craindre la sévérité : utiles assemblées qu'il convoque tous les ans, qu'il anime par sa présence, qu'il sanctifie par ses avis, et d'où on ne sort jamais sans remporter le désir d'être moins à soi et plus à Dieu ! C'est pour lui préparer de dignes ministres qu'il discute avec un soin scrupuleux les vocations naissantes, qu'il n'en admet que d'éprouvées et ne donne l'accès des bénéfices qu'à la science soutenue de la piété. Les recommandations du siècle viennent expirer contre la loi qu'il s'impose, et la crainte ne lui fera jamais commettre une injustice ni ajourner la récompense du vrai mérite.

S'il rend aux ordres saints qui honorent l'Eglise et ouvrent un asile aux âmes faites pour Dieu et dégoûtées du monde l'éclat de leur première ferveur, il allie à la lettre de la règle les modifications nécessitées par les temps ou commandées par les lieux, mais toujours il en sauve l'esprit et en assure l'observation. Sixt, Abondance et Talloires le trouvent également ferme et indulgent: il pardonne les injures qui lui sont personnelles, pourvu que la gloire de son Maître soit à couvert de toute offense. Sa clémence réduit les rebelles, son activité les presse, et il faut ou vivre heureux sous ses lois ou s'exiler d'une terre qui ne peut plus porter que des saints.

Partout il cherche à en augmenter le nombre: il voudrait voir tous les hommes enchaînés comme lui des liens qui le serrent et qui font son bonheur. C'est le prédicateur de l'amour et le flambeau de la vérité: il en secoue partout les brillantes clartés, il en allume les divines flammes. Les plus humbles bourgades comme les villes les plus distinguées en ressentent les ardeurs. La Roche le voit tour à tour dans la chaire, au confessionnal, dans le détail des besoins des familles : Paris, Annecy, Dijon, Chambéry et Grenoble admirent son éloquence et encore plus sa piété. Ses armes sont divines et d'une trempe céleste : il lance sur l'erreur un glaive à deux tranchants, il perce les cœurs de traits amoureux qui leur font trouver des délices dans la blessure. Tantôt ses paroles brillent comme l'éclair, d'autres fois elles tombent comme la rosée, toujours elles pénètrent l'âme et y font naître le jour. On l'a vu étincelant de divines clartés recevoir de Jésus-Christ crucifié qu'il prêche des rayons de lumière qu'il brise et répand sur ceux qui l'entourent.

Il en est parti un qui a saisi l'humble Chantal : depuis longtemps Dieu travaille dans son âme : il en a fait dans le monde un parfait modèle de toutes les vertus, il l'a éprouvée par les endroits les plus sensibles, il la laisse encore dans des ténèbres intérieures qui désolent sa piété et qui inquiètent sa foi. Un secret avertissement lui présage que ses tourments vont bientôt cesser et qu'il lui sera donné un guide en qui Dieu a déposé pour elle la plénitude de son esprit. Elle voit le saint Evêque et connaît à l'instant tout l'empire qui lui est accordé sur elle : ses paroles la touchent, ses avis l'éclairent, ses conseils la décident. La souveraine sagesse qui lui parle au cœur l'a incliné vers cette fille chérie ; il trouve en elle une âme forte et généreuse propre à poser les fondements de l'œuvre qu'il médite devant le Seigneur ; il ne peut douter de ses volontés sur elle, et l'esprit qui pénètre tout, jusqu'aux secrets de Dieu, lui en donne l'intelligence.

Allez, saintes âmes qui ne tenez plus à la terre que par le zèle du salut du prochain et du soulagement de ses misères, allez vous enfoncer dans les profondeurs du conseil éternel, écoutez ses ordres, recevez son plan, formez entre vous une union pacifique et revenez apporter aux hommes les bienfaits de son amour.

La charité les presse, mais la prudence les retient : ce n'est pas toujours dans un éclair que Dieu fait briller la lumière, il la prépare et la ménage pour la faire naître avec l'aurore et la conduire par degrés jusqu'au jour parfait. François veut se donner le temps d'affermir par des secousses imprévues le courage de cette grande âme, de décider au plus cruel sacrifice son père inconsolable et de la laisser pourvoir avec sagesse aux obligations que lui impose son devoir de mère.

Mais, quand le temps fixé par la Providence sera arrivé, lorsque Dieu l'appellera de la maison de son père, François, levant tous les obstacles, lui dira de se hâter comme la colombe, de prendre son vol dans les nues, et de venir se reposer dans l'humble demeure qu'il lui ménage à Annecy.

C'est là que, doucement ému à la pensée de cette miséricorde qui est venue nous consoler du ciel dans la pauvreté et la souffrance, il fonde l'ordre de la Visitation pour honorer, à l'exemple de Marie, dans les actions d'une vie commune, les abaissements incompréhensibles d'un Dieu. C'est là la porte du ciel et le chemin étroit par lequel on va à la vie : l'humilité en aplanit les sentiers, l'obéissance les éclaire, la patience y couronne une persévérante fidélité. On y observe de simples pratiques, on y acquiert de grands biens. La faiblesse du corps n'en est pas exclue, pourvu que la force de l'âme y supplée : la mortification regagne sur la volonté tout ce qu'elle abandonne sur les sens : la vie y est cachée en Dieu et sainte en Jésus-Christ.

Voilà l'âme de François et son cœur tout entier : il s'est peint dans son ouvrage et l'a animé de sa vie ; il se retrace encore dans ses écrits et y verse tout ce que Dieu lui a communiqué de lumière et de suavité.

Il introduit l'âme à la vie de la foi et la conduit par des voies unies à l'accomplissement de ses devoirs, et à cette suprême justice qu'il est si doux de servir et de contenter. Il facilite à toutes les conditions l'accès de son trône, et il apprend au riche à passer dans ces défilés étroits qui y mènent : il caresse l'âme, mais il la dépouille ; il la respecte, mais il l'immole, et quand il a mis le feu à l'autel, il s'applaudit d'y laisser la victime qui trouve la vie dans cette heureuse mort.

Il lui montre alors que tout son bonheur est en Dieu, qu'il est le terme de cet amour dont il lui a donné l'immense capacité, qu'il le répand dans la prière et le communique à l'âme qui s'approche de lui avec simplicité. Il entre dans les secrets ressorts de cette ingénieuse charité ; il découvre tout ce qu'elle fait pour attirer les cœurs et pour les remplir, en les vidant des affections terrestres et des attachements sensibles : tous les coups qui en partent tombent sur le cœur pour le polir, tous les nuages qu'elle élève font désirer le retour du soleil, et lorsqu'il vient à luire sur cette terre, il la féconde de ses feux et la réjouit de sa chaleur.

La sagesse habite au plus haut des cieux ; mais, quand elle s'abaisse au niveau des petits pour leur faire entendre son langage, il ne saurait être plus aimable, ni sa conversation plus douce : elle leur recommande d'oublier l'enfance et de devenir des hommes forts et achevés en Jésus-Christ ; elle les convie à goûter combien le Seigneur est bon, et combien le miel de ses lèvres est préférable à la douceur enchanteresse du monde. Elle va trouver ses esclaves dans leurs plaisirs et les engage à acheter sans or et sans argent le trésor d'une saine doctrine, à éviter les citernes corrompues où ils boiraient une eau de mort, et à s'abreuver du lait pur que leur offre la charité.

Celle de François sait le distiller à tous : il en soutient les faibles, il proportionne ses leçons à leurs forces, il les relève entre ses bras, il les presse contre son sein ; c'est une mère qui gémit sur les enfants de sa tendresse, et à qui son cœur fournit des expressions qui vont droit à l'âme. Absent comme en présence, son esprit règne, domine, triomphe, parce que l'onction lui apprend toutes choses. Dans ses lettres immortelles, il est avec les grands humble sans bassesse, libre sans témérité, prudent sans contrainte : il reprend les vieillards comme ses pères, il exhorte la jeunesse comme un frère : il a pour celles-ci les égards d'un fils, il traite les autres comme ses sœurs. Sa plume écrit avec l'abondance d'un cœur qui s'épanche, mais dont l'attrait est tout en Dieu vers lequel il entraîne tout ce qu'il attire. La naïveté du style relève la beauté des pensées, la grâce du tour le cède à celle des sentiments, et Jésus qui vit en lui dicte encore aux hommes des règles qu'ils admirent et des paroles qui les ravissent.

Voilà, divin Sauveur, voilà votre ouvrage et l'effusion de votre esprit sur l'un de vos serviteurs. N'en donnons pas la gloire à François de Sales ; il la refuse et nous dit avec l'Apôtre : Ce n'est pas moi, mais la grâce de Dieu avec moi : *Non ego autem, sed gratia Dei mecum* (1). Il tenait de vous un heureux naturel, une âme droite, un esprit élevé, un cœur généreux et sensible. Mais que sont ces dons en l'homme, s'il ne vous plaît de le diriger dans la vraie justice, et d'en faire un vase d'élection?

(1) I. Cor., xv, 10.

Vous avez voulu qu'il le devînt pour porter votre salut aux peuples, et rétablir parmi eux votre nom dans sa gloire. Il est juste qu'il vous la rende et qu'il la donne tout entière à ce nom sacré. Il ne s'attribue pas l'éclat de la science ni le mérite de la douceur; il s'est consumé de veilles, épuisé de travaux pour l'une; il s'est lassé de combats pour conquérir l'autre, mais c'est votre esprit qui lui a assuré la victoire en lui donnant son onction, onction de grâce dans sa vocation, de force dans son ministère, de perpétuité dans ses œuvres, d'immortalité dans ses écrits; il a annoncé vos paroles à ceux qui avaient le cœur froissé et il les a guéris (1); il a brisé les liens des captifs, éclairé les aveugles, séché les larmes des affligés, couvert la nudité du pauvre, affermi les saints dans la justice, relevé les ruines du sanctuaire, honoré le ministère de Dieu. Courage, serviteur bon et fidèle, le temps de votre récompense est arrivé : l'époux se place à la porte de votre cœur et vous dit de venir à lui (2).

Qu'il me donne un baiser de ses lèvres, car son amour est plus doux que les parfums ; qu'il m'en-

---

(1) Is., LXI, 1. 2. 3.
(2) Cant., I et II.

traîne sur ses pas, qu'il me montre où il repose ! Les douleurs me pressent : les angoisses de la mort m'ont environné ; mais mon bien-aimé est pour moi comme un bouquet de myrrhe : que je le détrempe dans le fiel du Calvaire et que je ne goûte jamais d'autres douceurs que celles de la croix ! O mon maître, que vous êtes beau ! Qui me donnera de contempler votre face et d'entendre votre voix ? Vous descendez des collines éternelles : vous m'invitez de votre geste, vous me touchez de votre main : que je la baise et que je vous suive ! Mon bien-aimé est à moi et je suis à lui : il habite parmi les lis, je vais lui offrir les miens : le jour baisse et l'éternité s'avance. Il faut y entrer, ô mon âme, en louant Jésus, en bénissant Jésus, en aimant Jésus.

Puissions-nous partager cette grâce ! C'est ce que je vous souhaite au nom du Père, et du Fils, et du Saint-Esprit. Ainsi soit-il.

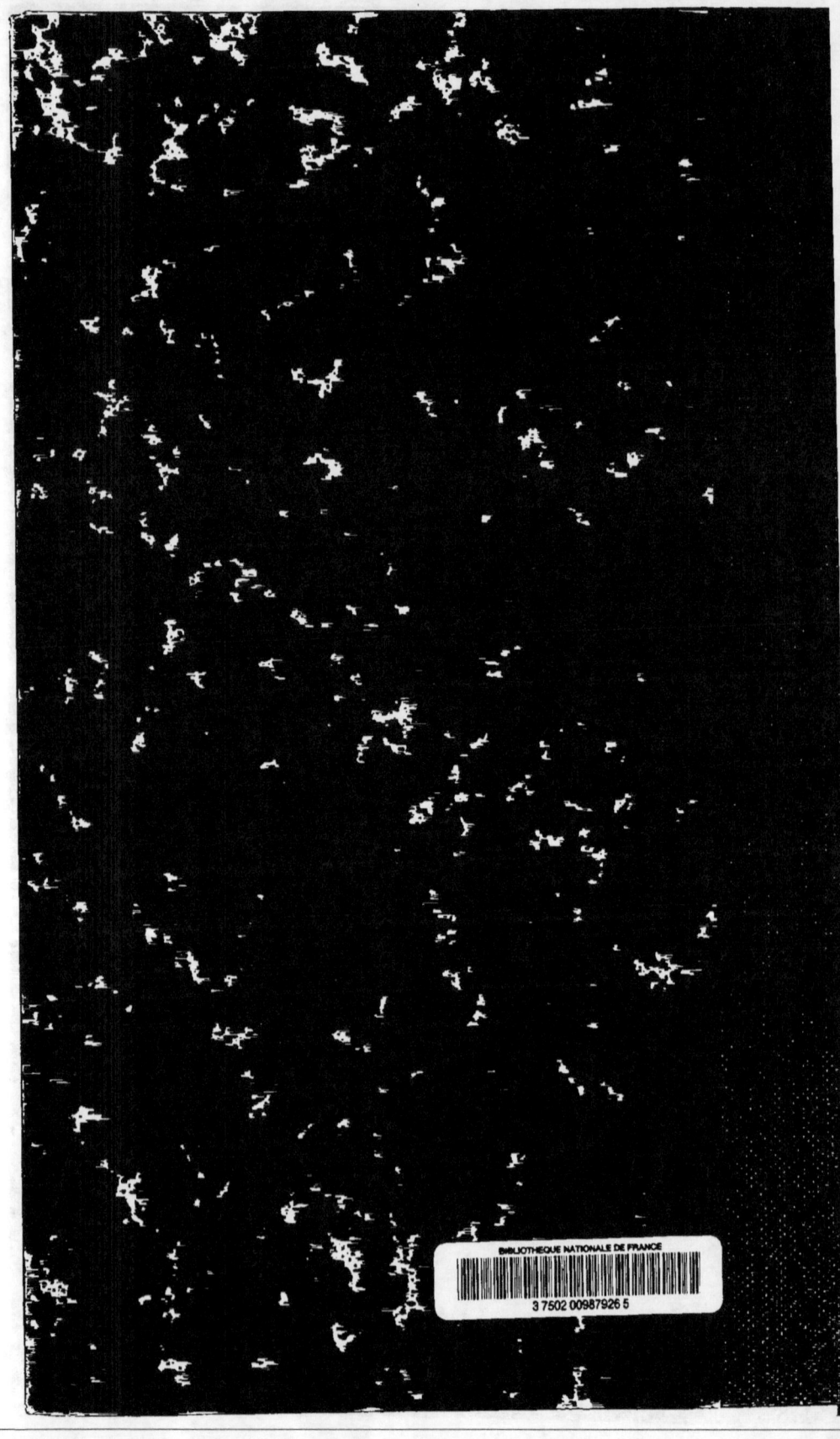

www.ingramcontent.com/pod-product-compliance
Lightning Source LLC
LaVergne TN
LVHW021700080426
835510LV00011B/1501